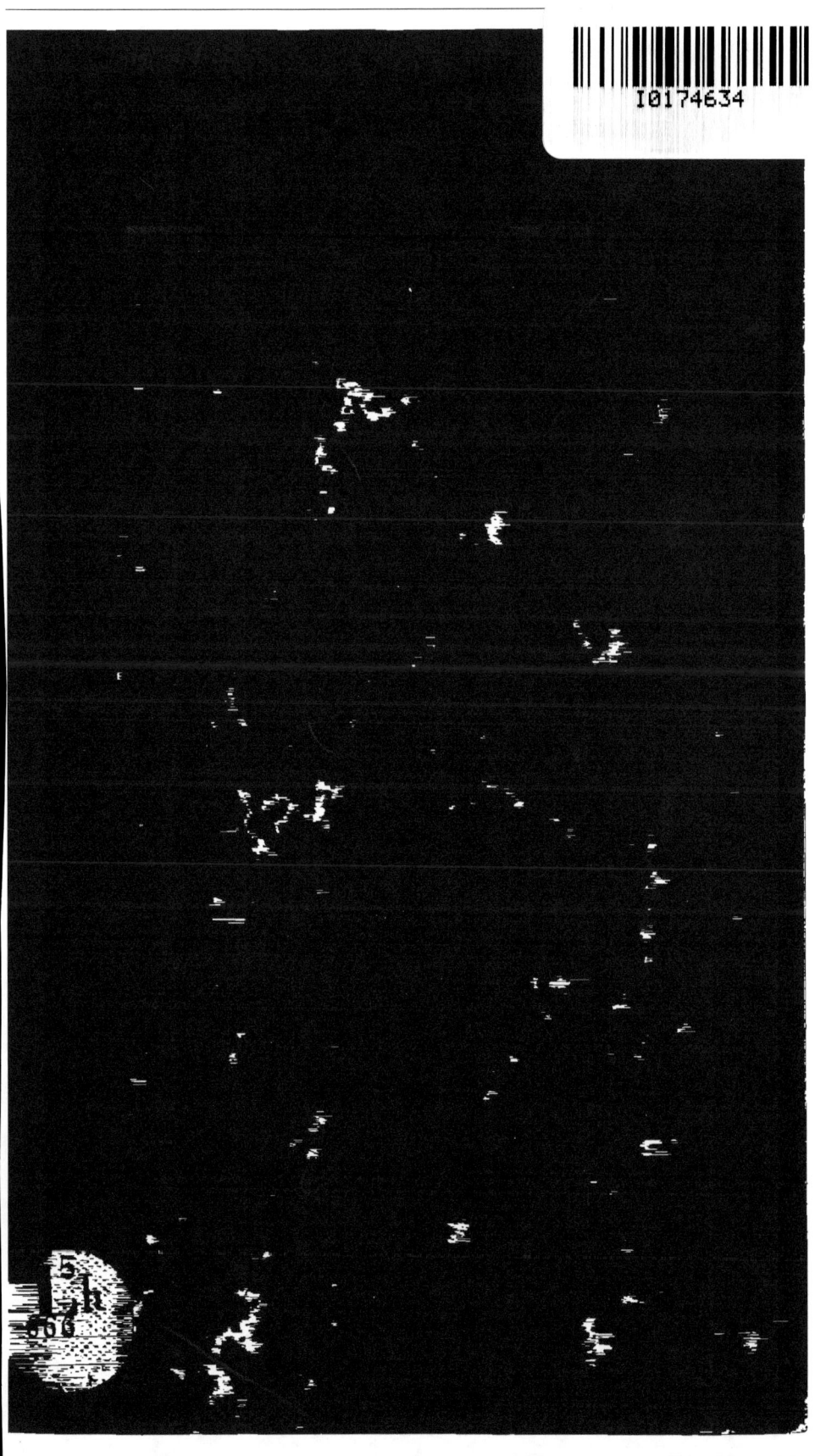

LE GÉNÉRAL
DE WIMPFFEN

RÉPONSE

AU GÉNÉRAL DUCROT

IMPRIMERIE L. TOINON ET C°, A SAINT-GERMAIN.

LE GÉNÉRAL
DE WIMPFFEN

RÉPONSE

AU GÉNÉRAL DUCROT

PAR

UN OFFICIER SUPÉRIEUR

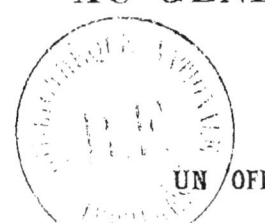

PARIS
LIBRAIRIE INTERNATIONALE
15, BOULEVARD MONTMARTRE, ET 13, FAUBOURG MONTMARTRE
A. LACROIX, VERBOECKHOVEN ET Ce
Éditeurs à Bruxelles, à Leipzig et à Livourne

1871

Tous droits de traduction et de reproduction réservés.

AVANT-PROPOS

Camarade d'école du général de Wimpffen, n'ayant jamais cessé d'être en correspondance avec lui, l'ayant suivi de l'œil dans toute sa carrière, je suis plus à même que qui que ce soit de raconter son existence militaire.

J'ai pensé qu'au moment où cet officier général va être appelé devant le Conseil d'enquête qui doit juger sa conduite pendant et après la fatale bataille de Sedan, il n'était pas sans intérêt de retracer le passage, dans notre armée, de cet officier, l'un de nos plus anciens généraux, l'un de ceux qui comptent le plus de services de guerre.

Je publie donc cette brochure, que je divise en deux parties :

Première partie : La vie militaire du général de Wimpffen.

Seconde partie : Observations sur l'opuscule du général Ducrot.

Malgré l'affection que je porte au général de Wimpffen, je m'efforcerai de rester toujours vrai dans mes appréciations sur lui et sur les autres.

Le 28 octobre 1871.

UN OFFICIER SUPÉRIEUR.

PREMIÈRE PARTIE

Le général de Wimpffen (Emmanuel-Félix), né le 13 septembre 1811, vient d'accomplir sa soixantième année d'âge. Il est grand, d'une force physique peu commune. Sa personne semble, comme son nom, accuser une origine allemande. Sa tête large, carrée, ses yeux petits et vifs, sa bouche légèrement moqueuse, indiquent un homme un peu absolu peut-être dans ses résolutions, mais plein de finesse et aussi vigoureusement trempé au moral qu'au physique.

Nous parlerons peu de ses premières années. A l'âge de neuf ans, il entra à l'école militaire de la Flèche, alors commandée durement par le général Danlion. Il y resta presque sans sortir jusqu'à l'âge de dix-huit ans (1830), époque où il fut admis à l'école spéciale de Saint-Cyr.

La Flèche, sous la Restauration, était une rude

école de discipline pour les enfants de militaires, qui seuls y étaient admis, la plupart aux frais du roi, et presque tous fils d'officiers généraux ou supérieurs.

L'école militaire de la Flèche, dans ces quinze années du gouvernement de la légitimité, a été le berceau de plus d'un officier général de mérite. C'est à ce rude apprentissage que les premières notions de la vie militaire ont été puisées par les Pélissier, les Soumain, les Decaen, les Deligny, les d'Exéa, les Bataille, les de Polhès, les Duplessis, les Cambriels et tant d'autres qui honorent l'armée, et dont l'armée s'honore.

Après deux années d'études à Saint-Cyr, de Wimpffen fut envoyé en qualité de sous-lieutenant au 67e de ligne. Il rejoignit ce corps, le 1er janvier 1832, en Afrique. Le 67e de ligne, formé à Alger par ordonnance du 4 mai 1831 avec les volontaires parisiens du régiment de la Chartre, régiment créé lui-même quelques jours après la révolution de 1830, n'était composé que de ces indisciplinés enfants de la grande ville connus sous le nom de héros de Juillet.

Braves, insouciants, mais enclins à la révolte, toujours prêts à faire de l'opposition aux volontés de leurs chefs, il fallait à ces soldats des officiers vigoureux de cœur et de corps. Sous ce double rapport, de Wimpffen était bien à sa place au 67e de ligne.

Le jeune officier reçut le baptême du feu au combat de Bouffarick (le 2 octobre 1832).

Bouffarick, humide bocage situé à 34 kilomètres sud-ouest d'Alger, à 14 de Blidah, au centre de la Mitidja, est aujourd'hui une jolie petite ville près de laquelle se trouve le bel établissement fondé par le père Brumauld.

Les colonnes marchaient alors avec des prolonges et le pays n'ayant pas de routes, le génie les traçait et les déblayait en avançant, de telle sorte qu'il fallait, même à l'infanterie, trois jours pour parcourir les quelques lieues que l'on fait maintenant en une petite journée. Il résultait de là qu'au lieu de surprendre les Arabes, c'étaient eux qui nous surprenaient.

Nos soldats ne pouvaient comprendre comment l'ennemi, toujours sur ses gardes, était sans cesse prêt à les recevoir.

A ce combat de Bouffarick, le sous-lieutenant de Wimpffen, laissé un instant avec sa section auprès de l'ambulance, entendit pour la première fois siffler les balles.

On fut obligé de battre en retraite. La colonne était poursuivie avec acharnement par ces brillants cavaliers qui, à cette première période de notre occupation, se firent une sorte de célébrité, sous le nom d'Hadjoutes. De Wimpffen, placé à l'arrière-garde, protégea efficacement le mouvement rétrograde, faisant prendre à sa troupe, avec beaucoup d'intelligence, des positions successives de défense bien choisies. A cette affaire, se trouvait le commandant des zouaves, de Lamoricière. Monté sur un magnifique coursier arabe, d'un noir de jais, à la longue crinière, aux naseaux de feu, la chéchia tombant sur l'épaule, le brillant commandant parcourait la ligne, encourageant ses hommes et s'exposant comme le plus téméraire d'entre eux.

La vue de cet homme frappa de Wimpffen d'admiration. Son exemple l'enflamma. Il résolut de le prendre pour modèle. Lamoricière, de son côté, avait remarqué le sous-lieutenant d'arrière-garde, et au milieu du combat il vint l'inviter à dîner pour le soir, à sa popote, si l'un et l'autre étaient toujours de ce monde. Le général Brô, commandant la colonne, fut également émerveillé de la vigueur de Wimpffen, il lui fit de grands éloges et le cita à l'ordre comme s'étant distingué. Le jeune homme entrait donc dans la carrière sous de bons auspices.

Ces deux faits étaient de nature à enflammer une âme moins ardente que ne l'était celle du jeune officier. Elle eut une grande influence sur la vie militaire de Wimpffen.

En 1833, le 67e de ligne fit une expédition difficile contre les Guérouan et les Beni-Boughirdane, tribus puissantes avoisinant la Grande-Kabylie, et aujourd'hui circonscrites dans le cercle de Dra-el-

Mizan. Les 3 et 4 mai, des combats furieux eurent lieu dans les défilés de Bouffarick, presque sur le même emplacement où, l'année précédente, le sous-lieutenant de Wimpffen avait gagné ses éperons. Le régiment, entouré de toutes parts, fit une admirable résistance et protégea la retraite sans se laisser entamer. Six mois plus tard, il fit partie de la colonne dirigée contre Koleah, petite ville détruite en 1825 par un tremblement de terre, reconstruite bientôt après, et située sur le revers méridional du Sahel algérien, à 6 kilomètres de la mer, en face et à 21 kilomètres de Blidah, à 37 ouest d'Alger.

En 1834, le sous-lieutenant de Wimpffen fit une expédition du côté de Bougie. Elle se termina par deux combats (les 5 et 8 décembre) sous les murs de cette petite place qui, bloquée par les Kabyles, put être délivrée. En janvier 1835, le 67e eut encore des affaires heureuses contre ses premiers ennemis, les cavaliers Hadjoutes.

Au commencement d'avril de cette même année 1835, le régiment, embarqué pour la mère-patrie, traversa la France du sud-est au nord-ouest pour tenir garnison à Paris et à Soissons.

C'est là que de Wimpffen reçut, deux années plus tard, le 26 avril 1837, son brevet de lieutenant.

Pendant son long séjour dans les écoles, le futur général avait beaucoup négligé son instruction, s'étant adonné seulement et avec succès à la topographie. De retour en France, et comprenant qu'il avait beaucoup à acquérir s'il voulait, à l'expérience que donnent trois années de courses et de guerre, joindre les connaissances qu'on n'obtient que par l'étude, il se mit avec ardeur à compléter son éducation. A dater de cette époque, il fut cité comme l'officier le plus studieux de son régiment et il eut chaque année les honneurs de l'inscription au journal militaire pour ses travaux topographiques.

L'écolier indolent et ne montrant d'ardeur que pour les exercices du corps, s'était transformé en officier amoureux de son métier, de la guerre et des études sérieuses. Il acquit promptement ainsi, par la réflexion, par l'habitude de lire, d'écrire, de se rendre compte de ce qu'il voyait et apprenait, une plume facile et une logique serrée. Les qualités solides dont la nature l'avait doué, jointes à son instruction, ne tardèrent pas à en faire un officier des plus remarquables. Il eut dans son régiment la direction des écoles et s'acquitta très-bien de sa tâche.

Proposé au choix pour le grade de capitaine, il obtint la double épaulette le 28 octobre 1840, huit années après être sorti de Saint-Cyr.

Au commencement de 1841 on forma le bataillon de tirailleurs indigènes, dit d'Alger et de Titery. On eut l'heureuse idée d'y placer le capitaine de

Wimpffen qui devait faire de ces corps arabes les meilleurs de notre armée.

Avec ce bataillon il prit part, de 1841 à 1847, à toutes les expéditions auxquelles on employa les tirailleurs dans les trois provinces : entre autres celles de Biskara et des monts Aurès en 1844 ; celle de l'Ouarensenis chez les Beni-Hindel en 1845 où il fut mis à l'ordre du corps expéditionnaire. Il avait en sa faveur une vigueur de corps et une santé qui doublaient son ardent amour de la guerre et des combats.

Dans une affaire des plus chaudes en Kabylie (1845), le maréchal Bugeaud, voyant un grand et hardi cavalier franchir, au galop de son cheval, les hauteurs où s'étaient réfugiées des masses ennemies, entraînant à sa suite, au pas de course, les soldats de son bataillon, se le fit présenter : c'était de Wimpffen ; il le proposa pour la croix de la Légion d'honneur et la lui remit.

Pendant la période de 1842 à 1847, le capitaine des tirailleurs algériens fit de nombreuses expéditions et fut proposé trois fois pour le grade de chef de bataillon, à la suite de citations à l'ordre de l'armée d'Afrique. La première fois, ce fut après une rude affaire dans le Djurjura, où les généraux Marey-Monge et d'Arbouville lui témoignèrent une grande estime. La seconde fois, ce fut après une expédition de onze mois, pendant laquelle son bataillon ne toucha pas à une localité européenne.

N'ayant aucune fortune, ne vivant que de sa solde et des rations réglementaires, ne pouvant se donner aucune jouissance et ne contractant aucune dette, le capitaine de Wimpffen, plus heureux cependant que bien d'autres, ne passait pas, comme beaucoup de ses camarades, une partie de son existence dans les hôpitaux, grâce à sa forte constitution.

En 1847, après plusieurs combats sous les murs de Bougie et à la suite de la troisième proposition faite en sa faveur pour le grade de commandant, il fut promu chef de bataillon (2 avril) au 44º de ligne, alors en Algérie, province d'Oran. Il fut placé sous les ordres des généraux Renaut (dit le brave Renaut de l'arrière-garde) et de Lamoricière. Il assista, sur les confins du Maroc, à tous les préliminaires qui amenèrent la reddition de l'Émir.

En 1848, lorsque le 44º rentra en France, de Wimpffen obtint le commandement de son ancien bataillon de tirailleurs algériens.

Dès le jour où il se trouva à la tête de ses chers turcos, il prit la détermination de s'attacher à rendre ses Arabes les rivaux des meilleures troupes, en tout et pour tout.

De là vint la transformation de ces soldats, considérés jusqu'alors comme bien inférieurs aux zouaves auprès desquels ils se trouvaient toujours dans leurs résidences et qui n'avaient qu'une estime médiocre pour eux.

Le commandant disciplina les indigènes de son bataillon à la française, leur fit apprendre l'exercice, exigea des sous-officiers et des officiers la connaissance de la théorie, les amena à vivre casernés et supprima le mariage, qui n'était guère autre chose, pour eux, que le concubinage. Il créa des ordinaires, en un mot les mit sur le pied des troupes de France.

Ces transformations, obtenues petit à petit, avec intelligence, sans à-coup, firent craindre néanmoins aux gouverneurs généraux de l'Algérie une révolte dans le bataillon, alors à Blidah. Le général d'Hautpoul, entre autres, était véritablement effrayé de ce que tentait de Wimpffen. Un jour il écrivit à ce sujet au général Blangini qui commandait la province d'Alger :

« Le commandant de Wimpffen me produit l'effet d'un novateur dangereux. Si vous voyez des inconvénients à ce qu'il exécute, remettez son bataillon à la vie arabe, etc. »

Quelque temps, de Wimpffen ne laissa pas que d'être préoccupé dans la crainte de voir des réclamations aboutir et son œuvre ajournée ou détruite avant d'être en maturité. Heureusement, il n'en fut rien et après de nombreuses expéditions pendant lesquelles la discipline, la vigueur de son bataillon furent à plusieurs reprises signalées, il reçut, en récompense de sa bravoure et des services qu'il avait rendus, la croix d'officier de la Légion d'honneur.

Il était tellement aimé de ses indigènes, officiers et hommes de troupes, qu'il parvenait à obtenir d'eux tout ce qu'il désirait, même les choses considérées comme les plus contraires à leurs habitudes: ainsi, il les faisait même employer aux travaux des routes. Du moment où *Ba-Ba* (le père) — c'était le nom que lui donnaient ses turcos — avait dit une chose, c'était pour eux paroles du Coran.

Le général Charon, gouverneur général en 1850, était émerveillé des résultats obtenus par le commandant de Wimpffen. Il lui écrivit un jour :

« Je veux savoir les moyens que vous employez pour obtenir ce qui paraît ne pouvoir s'exécuter dans les autres provinces. Je veux vous donner comme exemple à suivre, etc. »

En 1851, le bataillon de Wimpffen fit une longue et fort intéressante expédition en Kabylie, sous les ordres des généraux Bosquet et Camou. Ces deux chefs firent les plus grands éloges du commandant des tirailleurs et le proposèrent pour le grade de lieutenant-colonel. Les récompenses arrivèrent, Wimpffen n'était pas nommé. Aussitôt qu'il en est informé, le loyal Camou écrit au gouverneur général Pélissier :

« Si j'avais pu croire qu'on ne donnât pas au commandant de Wimpffen le grade qu'il a si bien mérité, je n'aurais pas accepté ma croix de grand officier de la Légion d'honneur. »

Pélissier, frappé de cette démarche qui honorait à la fois le général et le simple chef de bataillon, écrivit de nouveau à Paris, insista si bien que la nomination de Wimpffen au grade de lieutenant-colonel arriva sans retard.

Il rejoignit son nouveau corps, le 68e de ligne, à Mostaganem. Son brevet datait du 18 septembre 1851. Au commencement de 1852, le 68e fut envoyé dans la province de Constantine pour remplacer à Bone un régiment décimé par les fièvres. Le lieutenant-colonel fut nommé commandant supérieur de Guelma et chargé de la création d'un village.

Le gouvernement venait de décider qu'aucun secours ne serait accordé aux nouveaux arrivants; néanmoins, et malgré la défense, de Wimpffen, qui connaissait la colonie mieux que les bureaux de la guerre, demanda et obtint du général de Tourville, commandant la subdivision, d'aider les colons. Il fit confectionner par les troupes de vastes gourbis pour chaque famille, fit défricher et ensemencer les terres par les Arabes et distribua des grains en assez grande quantité pour que nul ne pût être inquiet de l'avenir.

Bientôt il y eut une révolte parmi les tribus voisines de la Tunisie. Le général de Tourville demanda au lieutenant-colonel de l'accompagner dans son expédition qui fut pleine d'intérêt et menée vigoureusement.

De Wimpffen vit pour la première fois, depuis son séjour déjà long en Algérie, des forêts paraissant sans limites, formées du chêne zin, arbre droit et haut comme un clocher des plus élevés; il passa au milieu des ruines romaines les plus curieuses et attestant que cette partie de notre colonie avait dû son développement et ses richesses, dans les temps anciens, à la main civilisatrice du peuple-roi. Dans une des ruines qu'il explora, il découvrit le *Flint-Glass*, d'une finesse comparable au plus remarquable de nos verres de mousseline.

Cette expédition complétait pour ainsi dire les études du futur général sur l'Algérie, qu'il avait parcourue en soldat et en touriste, de l'ouest à l'est, c'est-à-dire du Maroc à la Tunisie; du nord au sud, c'est-à-dire de la mer aux hauts plateaux. Dix-huit ans plus tard, ainsi qu'on le verra, il devait s'enfoncer dans le centre du grand désert, et les connaissances acquises par ses nombreuses courses dans les trois provinces furent d'une grande utilité au général, au voyageur, au savant.

Au retour de l'expédition du général de Tourville, de Wimpffen fut proposé pour le grade de colonel. On commençait à se préoccuper dans les hautes sphères gouvernementales de la possibilité d'une guerre en Orient, on voulait tâcher de rajeunir l'armée dans ses grades élevés.

— Sire, dit le maréchal de Saint-Arnaud à l'Empereur, en mettant sous ses yeux la nomination de Wimpffen au grade de colonel, voici un officier supérieur qui vous fera un excellent chef de corps. Je réponds que celui-là saura entraîner les troupes que vous lui confierez. Je le connais pour l'avoir vu à l'œuvre.

Nommé colonel du 13e de ligne à la fin de 1853, de Wimpffen, qui n'avait pas mis les pieds en France pour ainsi dire depuis sa sortie de l'École militaire, vint prendre, à Paris, le commandement de son nouveau corps.

Dès son arrivée, il fut frappé de la difficulté que l'on avait à nourrir la troupe par suite de la cherté de la viande que les bouchers de Paris tenaient à un prix très-élevé. Avec l'esprit d'initiative qui lui est propre en toute chose, et qui est un des traits distinctifs de son caractère, le colonel de Wimpffen résolut de tenter une sorte de petit coup d'État intérieur et il sollicita du maréchal Magnan, commandant en chef, l'autorisation de pourvoir son régiment hors barrière, avec des bêtes entières. La permission lui fut accordée non sans beaucoup de difficultés. Le maréchal fit même pressentir au colonel qu'il allait probablement avoir à vaincre une vive opposition de la part des soldats et des caporaux d'ordinaire, ces derniers excitant les autres dans un but d'intérêt personnel facile à comprendre et cherchant à leur faire croire qu'on voulait leur donner la viande d'animaux achetés au rabais et malades.

Le colonel du 13e de ligne, qui avait fait adopter, d'abord sans résistance, le nouveau mode d'alimentation, fut prévenu, un beau matin et à temps, grâce aux mesures qu'il avait prises, que la troupe préparait une manifestation hostile.

Aussitôt il court à la caserne, et par un acte de vigueur fait rentrer tout le monde dans le devoir.

La mesure nouvelle pour l'achat de la viande fonctionnant bientôt avec beaucoup de régularité et à la satisfaction générale, il fut prescrit vers la fin de 1853, aux troupes de la garnison de Paris, de se conformer à ce qui se faisait au 13e de ligne.

Mais si les troupes trouvaient à cela de grands avantages, il n'en était pas de même des bouchers. Les bas morceaux de viande qu'ils écoulaient aux ordinaires des régiments étant refusés par la population, le commerce de la boucherie de Paris s'émut et une députation vint chez le colonel de Wimpffen lui offrir une somme de 24,000 francs, s'il consentait à faire revenir sur une mesure dont il était l'instigateur.

Le colonel fut longtemps à comprendre ce qu'on voulait lui dire, car la proposition était entourée de nombreuses circonlocutions. Lorsque enfin il eut saisi ce qu'on attendait de lui, il se leva brusquement la rougeur au front. Pour l'apaiser, la commission lui affirma que ce procédé était admis dans le commerce.

« Messieurs, leur dit de Wimpffen, il est possible qu'entre marchands on agisse ainsi ; dans l'armée c'est chose inconnue. Je vais m'occuper à vous contre-battre. En attendant, sortez de chez moi ou je vous fais dégringoler les escaliers, et regardez bien ma porte pour n'y plus remettre les pieds. » Le loyal colonel était furieux qu'on eût osé lui proposer un tel marché. — L'année 1854 arriva portant dans ses flancs la guerre contre la Russie. Un soir le colonel de Wimpffen entrait, au ministère de la guerre, dans les salons du maréchal de Saint-Arnaud dont il était fort connu et apprécié.

— Ah ! mon cher colonel, lui dit le maréchal en l'attirant dans l'embrasure d'une croisée, je suis fort aise de vous voir, car j'ai à vous parler.

Il lui demanda alors son avis sur cette question :

Les tirailleurs indigènes peuvent-ils être utilement employés dans une guerre en Europe ? Ces messieurs (et il montrait plusieurs officiers) prétendent que cette troupe ne peut rendre de service qu'en Algérie. Est-ce votre opinion ?

— Non, répondit de Wimpffen, et je soutiens, moi qui les connais bien, j'affirme même, du moins en ce qui concerne mon ancien bataillon, qu'on peut tout attendre de ces braves gens, en sachant les commander.

Le maréchal serra la main du colonel et la conversation en resta là.

Quelques jours après, de Wimpffen fut appelé aux Tuileries dans le cabinet de l'Empereur qui lui posa les mêmes questions.

— J'affirme à Votre Majesté, dit de Wimpffen, que les indigènes, braves individuellement, le seront *à fortiori* réunis en masse, et que le chef qui saura parler à leur amour-propre les amènera très-facilement à rivaliser avec les meilleures troupes françaises, avec les zouaves même.

Quarante-huit heures n'étaient pas écoulées que le colonel était mandé de nouveau auprès de l'Empereur, qui lui faisait connaître que beaucoup de généraux étaient opposés à l'emploi des tirailleurs indigènes hors de leur pays. Au nombre des opposants se trouvait un homme ayant alors déjà, bien que simple colonel, une certaine influence, M. Trochu, attaché au ministère.

— Sire, dit de Wimpffen, je me suis beaucoup occupé des soldats indigènes. Je connais le parti qu'on en peut tirer, si leurs chefs savent les conduire et leur inspirer confiance. Je réponds qu'on aura dans des bataillons arabes une excellente troupe, une troupe d'élite. Si je n'étais pas colonel du 13e de ligne et qu'on voulût former un corps des bataillons des trois provinces, je serais fier d'en avoir le commandement.

— C'est bien, reprit l'Empereur; si je fais marcher les tirailleurs, j'en formerais un régiment dont vous serez le chef.

Il y avait alors seulement un bataillon par province.

— Sire, j'espère pouvoir alors vous prouver par des faits que je ne me suis pas abusé, et que ce que j'ai dit à Votre Majesté sur ces braves gens est une vérité.

— Combien pensez-vous pouvoir en amener avec vous, prenant les hommes dans les trois provinces?

— Deux mille.

— Je me contenterai de quinze cents.

— Il en faudrait deux mille pour une campagne un peu longue.

Une semaine ne s'était pas écoulée, depuis cette conversation avec l'Empereur, que le colonel de Wimpffen recevait l'ordre de se rendre en Afrique, pour y former un régiment de tirailleurs algériens, qui devait prendre le nom de « régiment provisoire. »

Pendant sa traversée, et quoiqu'il fût heureux et flatté de sa mission, de Wimpffen se demandait si ses anciens soldats le reconnaîtraient. Il comptait principalement sur ceux de son bataillon, pensant que les autres, ceux des provinces d'Oran et de Constantine, auraient beaucoup d'hommes mariés, peu désireux de s'éloigner de leurs familles.

Fort préoccupé il débarque à Alger, et se présente au général Randon, gouverneur général, qui commence par refuser la carte blanche donnée par l'Empereur et n'accorde que la moitié des effectifs présents.

Le colonel insiste et au nom de l'Empereur finit par l'emporter. Il part aussitôt pour Blidah, arrive à minuit, se rend à la caserne des turcos.

Le bataillon prévenu illumine la cour *a giorno* et attend son ancien chef, qui se présente aux soldats et d'une voix forte leur crie:

— Enfants, me reconnaissez-vous?

— Vive *Ba-Ba!* s'écrient mille voix qui rassurent aussitôt de Wimpffen.

— Eh bien, je viens vous chercher, continue le colonel; voulez-vous venir avec moi défendre le drapeau de Mahomet?

— Oui, oui, tous, tous nous irons avec toi.

— Je vous préviens que vous aurez de la souffrance à endurer, que vous aurez à braver la faim, la fatigue, les boulets.

— Nous marcherons.

Le soir, le colonel avait mille enrôlés volontaires sous ses ordres.

Assuré du concours du chef du bataillon d'Oran, le colonel de Wimpffen s'embarqua immédiatement pour la province de Constantine.

Bref, huit jours plus tard, il réunissait à Coléah deux mille indigènes. Toutefois, les premières difficultés étaient seules surmontées, les commandants de bataillon voulaient faire les fonctions de commandants de corps et se considérer comme agissant isolément.

Pour mettre fin à certaines rivalités, pour s'opposer à ce que chacun administrât et fît vivre ses hommes à sa guise, pour fusionner toutes ces personnalités, et empêcher la dislocation du régiment, il ne fallut pas moins que la main ferme, et habituée déjà à briser les obstacles, du colonel de Wimpffen, adoré d'ailleurs de ses Arabes.

Aussitôt que l'ordre créant un régiment à trois bataillons puisés, tous les trois, dans chaque province fut connu, une sorte de révolte éclata. Le colonel, grâce au concours énergique du général Camou commandant la division, réussit à faire rentrer tout dans l'ordre, mais il en resta une sorte d'opposition de la part de quelques braves officiers, opposition qui persévéra longtemps.

Le colonel de Wimpffen, à peine le régiment formé et embarqué pour l'Orient, se trouva en présence d'officiers qui, prétendant n'être venus que pour combattre, refusaient toutes fonctions administratives.

Ce fut avec beaucoup de difficultés que le personnel put être constitué.

Débarqué à Gallipoli, le colonel de Wimpffen vit son œuvre prête à être détruite. Quelques spahis volontaires avaient été emmenés d'Afrique. Un peu trop abandonnés à eux-mêmes, ces cavaliers demandèrent à rentrer dans leur pays. On le leur accorda et le colonel des tirailleurs reçut l'ordre de voir si les Arabes en voulaient faire autant. De Wimpffen courut aussitôt chez le maréchal de Saint-Arnaud et lui fit observer que ses hommes s'étant engagés à servir pendant toute la campagne, et à le suivre, c'était tout compromettre que de leur offrir de demeurer ou de s'en retourner, puisque leur promesse de rester avec leur colonel était le seul lien qui les engageât au service.

L'auteur de cette proposition était encore, paraît-il, le colonel Trochu. Le maréchal retira l'ordre et le régiment quitta Gallipoli, puis les bords du Danube, pour débarquer en Crimée.

A l'Alma, les turcos furent placés à l'extrême droite de l'armée, à la division Bosquet. Le colonel de Wimpffen eut toutes les peines du monde à réprimer leur élan et à les empêcher de courir sur une batterie russe de vingt pièces qui vomissait la mort dans leurs rangs. Leur attitude, leur belle conduite valut à leur chef la croix de commandeur.

Le régiment prit part à tout le siége de Sébastopol. Les jours où il était commandé de tranchée, on voyait les blessés, les malades quitter l'ambulance pour se placer à leur rang de combat.

A la bataille d'Inkermann, ils firent l'admiration du général Bosquet, qui, dans son rapport, écrivit, en parlant d'eux :

« Le colonel de Wimpffen, à la tête de ses tirailleurs sautant comme des panthères au milieu des broussailles, se précipita sur les Russes, etc., etc... »

En effet, ils poussèrent l'ennemi jusque sur les contreforts de la Tchernaïa. Au milieu de l'action, une bouche à feu française, en batterie sur le plateau, se trouve compromise. Un imprudent clairon d'un régiment voisin sonne la retraite. Le mouvement s'opère, laissant les tirailleurs à découvert, pouvant être coupés et abandonnés sur un point indéfendable. Le colonel s'élance, son cheval est abattu par un boulet, aussitôt ses soldats l'entourent.

— Que faut-il faire? lui demandent-ils pendant qu'il se dégage.

— Mes enfants, leur répond de Wimpffen, enlevez ma selle et mes pistolets, il ne faut pas que cela reste aux mains des Russes, et battons en retraite avec calme.

A ce moment, un des officiers des tirailleurs, le brave Gibon, offre son cheval au colonel, qui l'accepte, bien qu'il soit plus dangereux d'être monté que de marcher à pied. Cet officier a été tué général de brigade au siége de Metz.

Beaucoup de turcos tombèrent pendant cette action.

Deux tirailleurs blessés, l'un de trois balles, l'autre de neuf, et restés aux mains des Russes, envoyés au loin, puis revenus de captivité longtemps après cette bataille, racontèrent ce fait au général Daumas, directeur des affaires arabes au ministère de la guerre, qui les envoya à de Wimpffen, alors commandant une brigade de la garde impériale. L'ancien colonel des turcos fit obtenir à ces braves gens la médaille militaire.

La bataille d'Inkermann valut à de Wimpffen le grade de général, et il eut en outre la satisfaction bien grande de conserver ses turcos dans la brigade mise sous ses ordres. Ce fut avec ces intrépides Arabes qu'il fut chargé d'enlever le Mamelon-Vert, de poursuivre les Russes à la Tchernaïa et de soutenir la brigade de la division Mac-Mahon, commandée pour donner l'assaut à Malakoff.

Au Mamelon-Vert et à Tractir, le général de Wimpffen eut encore toutes les peines du monde à retenir les turcos. Il fut cité à l'ordre de l'armée. A Malakoff, huit cents hommes du régiment furent mis hors de combat et le lieutenant-colonel tué en défendant, contre un retour offensif et furieux des Russes, la gorge du redoutable ouvrage.

Sébastopol tombé entre nos mains, le brave de Wimpffen prit part, sous les ordres du général de division Bazaine, à la dernière opération de cette longue et terrible guerre, à l'expédition de Kinburn.

De retour en France, à la fin de 1855, de Wimpffen reçut le commandement d'une des brigades de la division des grenadiers de la garde impériale. L'autre était sous les ordres du brillant et regretté Cler.

On commençait à s'occuper sérieusement de l'Algérie, pays dans lequel de Wimpffen avait passé une vingtaine d'années et qu'il connaissait à fond. Il crut le moment venu de donner son avis sur toutes les questions relatives à notre colonie. Il nous parla, à nous, un de ses meilleurs amis, d'un mémoire qu'il venait de rédiger sur cette grosse question, et voulut bien nous le lire. Nous l'engageâmes à le publier sans nom d'auteur ou à le mettre au panier. De Wimpffen crut devoir le présenter au ministre de la guerre, alors maréchal Randon, qui en prit connaissance, et pria le général, ainsi que nous l'avions deviné, de ne rien faire paraître et de garder ses idées pour lui.

Elles étaient contraires à celles de l'Empereur.

Grande fut la stupéfaction du pauvre général. Il nous conta sa mésaventure et nous finîmes par en rire ensemble.

Consulter sur la question algérienne un homme qui avait passé la meilleure partie de son existence à étudier cette question, allons donc ! Est-ce qu'il n'y avait pas autour de Sa Majesté des danseurs bien plus habiles, et surtout plus souples que cet inflexible mathématicien ?

La campagne d'Italie vint donner un dérivatif aux idées du général.

A Magenta, engagé le premier au pont de Buffarola et à la redoute du chemin de fer, qu'il enleva avec ses grenadiers, la résistance qu'il opposa avec cette troupe d'élite, celle de la brigade Cler, sauvèrent l'armée. Cler fut tué d'une balle au front, de Wimpffen fut blessé d'un coup de baïonnette à la tête.

Il fut promu général de division, et l'Empereur, qui avait reconnu en lui un officier d'un haut mérite, lui envoya l'ordre de prendre le commandement des troupes d'embarquement destinées à attaquer les lagunes et Venise. La paix de Villafranca empêcha le nouveau divisionnaire d'exercer cet important commandement.

Revenu en France, il eut pendant deux années le commandement d'une division de l'armée de

Lyon. L'existence qu'il menait en Europe ne pouvait convenir à son activité, à son tempérament.

Lorsque le fameux Yusuf fut rappelé d'Afrique, de Wimpffen demanda et obtint de lui succéder au commandement de la division d'Alger.

Les services qu'il rendit alors à la province et à la colonie tout entière sont considérables. Il créa des villages, ne laissa pas passer un conseil général sans faire connaître ses idées colonisatrices, et eut bientôt une influence méritée.

Appelé en 1869 à remplacer, dans la province d'Alger, son collègue et ancien condisciple, le rude général Deligny, il fit pour cette province ce qu'il avait fait pour l'autre. Il créa de grands centres, fit construire des routes, et acquit bientôt à Oran la prépondérance qu'il avait conquise à Alger.

Ici se place une des principales opérations de guerre de la vie militaire du général de Wimpffen, l'expédition de l'Oued-Guir.

Sur les confins de notre colonie et du Maroc, existent des tribus puissantes, riches et religieuses, les Ouled-Sidi-Cheik, qui ont une influence considérable sur les populations marocaines, et sont plus maîtresses de ces populations que le chef du gouvernement du pays.

Excités par les Ouled-Sidi-Cheik, les tribus occupant le sud des hauts plateaux, marocaines ou algériennes, se réunissaient sans cesse pour se jeter sur nos tribus soumises, les piller, les razzier, et leur enlever chevaux, bétails, grains, tentes, etc.

Jusqu'alors les petites expéditions tentées pour châtier les dissidents et les marocains, n'avaient été que de tristes palliatifs plus propres à constater notre impuissance à secourir nos alliés qu'à les sauvegarder réellement.

Dès qu'une colonne de nos troupes s'avançait vers le sud, l'ennemi se retirait dans le Désert et la colonne partie il revenait et cherchait à atteindre de nouveau nos amis. Ce jeu de barres avait fini par fatiguer nos tribus ralliées, et elles avaient fait dire que si on n'était pas assez puissant pour les défendre, elles passeraient chez nos adversaires et feraient cause commune avec eux contre nous.

Telle était la situation du sud de la province d'Oran, lorsqu'à la fin de 1869 le général de Wimpffen vint en prendre le commandement. Il se dit que le seul remède au mal était de tenter une expédition vigoureuse et lointaine, de s'avancer audacieusement jusqu'au centre, s'il le fallait, du Grand Désert, d'atteindre, de châtier les populations qui nous suscitaient des ennemis, et d'en exiger des otages et des garanties de tranquillité.

Longtemps le général réfléchit à son projet, et enfin il le proposa au maréchal de Mac-Mahon, alors gouverneur. Le duc de Magenta fit adopter en principe mais avec peine, par le gouvernement de l'Empereur, la mesure demandée par le commandant de la province d'Oran, qui fut chargé de réunir les forces nécessaires.

De Wimpffen, connaissant la puissance de nos nouvelles armes à feu, du chassepot surtout, que sa précision et sa portée rendent un engin si redoutable, n'était pas inquiet sur le résultat de son hardi projet s'il pouvait atteindre l'ennemi, et surtout trouver dans le pays de l'eau potable; mais là était la principale difficulté, car il allait avoir à parcourir des contrées inconnues, et il fallait dès lors un convoi considérable.

Il donna donc tous ses soins à organiser un convoi qui pût mettre pendant longtemps ses troupes à l'abri du besoin.

Le brave général, tout joyeux déjà de se trouver à la tête d'un petit corps d'armée de toutes armes fort de quatre mille hommes environ, dont une bonne partie composée d'une solide infanterie, zouaves et turcos, fut un peu désabusé, lorsque au moment de partir il reçut plusieurs dépêches du gouverneur lui recommandant, de la part du ministre de la guerre et de l'Empereur, la plus excessive et la plus intempestive prudence.

Le général devait ménager le chef des Ouled-Sidi-Cheik, ne pas fouler le territoire marocain, éviter les ksours, ne pas s'emparer de ces petites forteresses, ne pas razzier les tribus du Maroc, mais ramener des otages.

Malgré toutes ces restrictions, de Wimpffen partit d'Oran, le 19 mars 1870, pour se porter avec son état-major au poste d'Aïn-Khlelil, le plus avancé sur la frontière de notre colonie du côté du Maroc, et où le corps expéditionnaire était concentré.

Du 29 mars, jour du départ de la colonne, au 15 avril, jour où elle atteignit le point extrême de sa marche dans le sud, le général de Wimpffen et ses troupes parcoururent 396 kilomètres dans des contrées jusqu'alors non visitées par les Européens. Le corps expéditionnaire livra deux grands combats : un, le 15 avril, sur l'Oued-Guir, grand fleuve encore inconnu ; un autre, le 25, à Aïn-Chaïr.

La soumission des Douï-Menia, confédération maîtresse du pays, fut obtenue, et douze otages de cette confédération amenés à Oran.

Quelques journaux voulurent jeter un faux jour sur cette expédition, sur la conduite du général en chef et sur la façon dont il avait mené ses troupes. Les officiers de la colonne protestèrent, et le duc de Magenta, quoique peu partisan de Wimpffen, lui rendit justice pour sa loyauté habituelle, dans le rapport qu'il adressa à l'Empereur.

Cette expédition, loin d'être défectueuse, avait été menée, au contraire, avec un incontestable talent, avec un entrain admirable et une vigueur peu commune. A l'Oued-Guir, à Ain-Chaïr, le général de Wimpffen s'était exposé avec une témérité peut-être trop grande ; c'était le seul reproche qu'on ait pu lui faire.

Aux avantages d'avoir produit sur les dissidents une impression profonde et qui dure encore, cette expédition joignit l'avantage scientifique de donner des notions exactes sur un pays inconnu jusqu'ici.

Pour tout dire en un mot :

Dans cette dernière levée de boucliers des pays kabyles et des tribus de la plaine, seule la province d'Oran n'a pas bougé, ce que l'on ne saurait attribuer à autre chose qu'à l'expédition de l'Oued-Guir.

L'Empereur, préférant sans doute le dire de quelques journaux ou les racontars de deux ou trois officiers de sa maison au rapport si loyal du duc de Magenta, ne donna aucune marque de satisfaction au général de Wimpffen et aux officiers de son état-major.

Et cependant, pendant son règne, combien n'a-t-il pas abusé des grades et des croix !

Nous terminerons ici cette biographie du général de Wimpffen. Son existence, depuis son retour à Oran jusqu'au lendemain de Sedan, est racontée par lui-même dans l'ouvrage qu'il vient de publier. Nous croyons cependant qu'on ne lira pas sans intérêt quatre lettres qu'il nous adressa à trois époques différentes, lettres que l'on trouvera à la fin de cette brochure.

L'une nous fut écrite la veille de son départ d'Oran pour son expédition de l'Oued-Guir (18 mars 1870).

La seconde, quatre jours après la bataille de Sedan (5 septembre 1870).

La troisième, au moment de sa rentrée en France (12 mars 1871).

La quatrième est d'hier.

Le style, c'est l'homme.

DEUXIÈME PARTIE

Nous allons maintenant faire connaître les quelques observations qu'a fait naître chez nous la lecture attentive des ouvrages des deux généraux.

Le général de Wimpffen, qui a ouvert le feu dans cette sorte de polémique historique et militaire, déclare nettement dans sa préface : que n'ayant pu faire publier *officiellement* son rapport sur la bataille du 1er septembre 1870 ; que n'ayant pu, *au moment où il écrit,* obtenir un conseil d'enquête pour juger sa conduite, il croit de son honneur d'exposer les faits tels qu'il les a vus et appréciés.

Son rapport sur Sedan a été publié dans un journal de Tours, en septembre 1870, par les soins d'un ami auquel il en avait expédié un double, mais jamais officiellement.

Partant de là, le général a fait imprimer un livre

intitulé Sedan et que nous considérons comme une page d'histoire contemporaine d'une réelle importance. La sincérité y respire et les documents qu'on y trouve sont d'une grande valeur.

Le général Ducrot, se disant attaqué par cet ouvrage, a répondu par une brochure toute de défense personnelle, mais dont les deux tiers sont remplis par des pièces émanant d'officiers de son état-major, ce qui donne à son petit ouvrage un certain mérite historique.

D'après le général Ducrot, son adversaire porte contre lui cinq accusations ; nous allons les apprécier une à une.

Première accusation :

D'avoir manqué d'honnêteté en abusant de son influence sur le général Trochu, pour empêcher la publication de son rapport (à lui général de Wimpffen) sur la bataille de Sedan.

Le général Ducrot répond à ce premier reproche, en produisant une lettre du général Trochu, dans laquelle l'ex-gouverneur de Paris affirme *n'avoir pas reçu le rapport du général de Wimpffen*.

Si le général Trochu s'était donné la peine de lire attentivement le livre du général de Wimpffen, il n'eût pas écrit cette phrase, car dans la préface celle-ci l'eût frappé :

« Mon rapport envoyé au *ministre de la guerre* le 5 septembre, etc. »

Or, M. Trochu n'étant pas ministre de la guerre en septembre, le rapport du général de Wimpffen ne lui a pas été envoyé, il n'a donc pas à se défendre de ne l'avoir *reçu* ni lui ni ses officiers. Mais M. Trochu était alors chef du Gouvernement de la Défense nationale et, comme tel, il a pu avoir une grande influence sur la décision adoptée de ne pas publier ce document.

Sa lettre ne prouve donc absolument rien, dans le cas présent. Oh ! si cette lettre émanait du général Le Flô, ministre de la guerre, ce serait très-différent.

Un officier d'état-major, prêt à décliner son nom, écrit au général de Wimpffen pour le prévenir : qu'un de ses camarades, officier d'état-major comme lui, et comme lui prêt à se faire connaître, a vu remettre le rapport en question au ministre; que le ministre, prêt à le faire paraître officiellement, en a été empêché *parce qu'une influence puissante, protectrice du général Ducrot, s'y était opposée.*

Le général de Wimpffen a dû penser que cette influence était celle du général Trochu, ce dernier étant fort lié avec le général Ducrot.

Si ce n'est pas cette influence, c'en est une autre, ce qui sera facile à éclaircir par le Conseil d'enquête pour peu qu'il veuille s'en donner la peine.

En effet :

Le général Le Flô existe, et ne peut avoir perdu le souvenir d'un fait de cette importance.

Les deux officiers d'état-major existent, et ne demandent pas mieux que de dire ce qu'ils savent.

Enfin, il est facile de rechercher la personne chargée de remettre ledit rapport au ministre. Il est probable que c'est l'officier des éclaireurs à qui le général de Wimpffen a confié la copie apportée et parvenue à l'ami du général. Il est donc possible de connaître aujourd'hui la filière par laquelle est passé le rapport pour aller se plonger dans les ténèbres. Le général de Wimpffen dira à qui il l'a confié, le messager dira à qui il a remis ce document, et le jour se fera, car les personnes interrogées n'ont nul intérêt à déguiser la vérité. D'ailleurs, l'honneur militaire leur fait un devoir de révéler ce qu'elles ont vu ou appris.

Voilà donc une question dont la solution doit être réservée jusqu'au jugement du Conseil d'enquête. Cette question, en effet, la lettre du général Trochu ne l'éclaire en rien, puisque l'ex-gouverneur de Paris se borne à dire :

« Je *doute* que le général Le Flô, alors ministre de la guerre, l'ait reçu (le rapport Wimpffen) plus que moi. »

Comment, M. Trochu *doute ?* il n'a donc pas consulté le général Le Flô avant d'écrire sa lettre, car alors il serait fixé.

Y a-t-il encore là-dessous une subtilité théâtrale dans le genre de celle imaginée la veille de la capitulation de Paris, et qui amènera peut-être M. Vinoy au Conseil d'enquête, à la place de M. Trochu ?

A la suite de cette lettre du général Trochu, M. Ducrot produit, dans les pièces justificatives de son livre, un rapport du général de Wimpffen sur la bataille de Sedan, *enregistré sur le registre* de correspondance de l'état-major général de l'armée de Châlons.

Nous ignorons si le rapport a été écrit par le général de Wimpffen le 2 septembre à Sedan, ce qui nous semble difficile, mais il nous paraît différer assez peu de celui du 5, expédié de Belgique.

Le général de Wimpffen, encore en Algérie au moment où nous écrivons, fera sans doute connaître la vérité sur ce document lorsqu'il aura lu la brochure du général Ducrot.

Passons.

DEUXIÈME ACCUSATION :

D'avoir, par de fausses manœuvres, compromis (lui général Ducrot) le sort de la journée et préparé le fatal désastre de Sedan.

Ici, M. Ducrot se trompe, le général de Wimpffen (si nous l'avons bien compris) ne fait pas remonter jusqu'à lui les causes du désastre de Sedan ; il en accuse :

1° Le maréchal de Mac-Mahon qui, au lieu de marcher rapidement pour rallier Bazaine, ayant quarante-huit heures d'avance sur l'armée du prince de Prusse, a tergiversé, perdu le temps le plus précieux ; qui, le 31 août, après la malheureuse affaire du 30 à Beaumont, au lieu de battre en retraite à tire-d'aile sur Mézières pour rallier le général Vinoy et s'élever dans le Nord, a perdu vingt-quatre heures encore et a engouffré son armée dans une souricière, semblant ignorer les forces qu'il avait devant lui et qui opéraient un mouvement tournant.

2° L'Empereur, le plus lourd, le plus terrible de tous les *impedimenta*, l'Empereur, qui a mis bâton sur bâton dans les roues d'un char déjà à moitié embourbé; qui a eu la plus déplorable influence sur la conduite militaire du duc de Magenta ; qui a refusé de tenter l'héroïque aventure d'un passage de vive force et a fait arborer le drapeau parlementaire ; qui, en un mot, est la première cause de l'avortement des sages combinaisons du ministre de la guerre, le comte de Palikao, une des plus capables de nos illustrations militaires.

Voilà, de l'avis du général de Wimpffen, les deux hommes responsables, devant le pays, du désastre de Sedan.

Quant au fameux mouvement de retraite du général Ducrot sur Mézières, nous allons en dire quelques mots.

On accorde volontiers, dans l'armée, un certain mérite à ce jeune officier général, bien que jamais, avant Sedan, il n'ait exercé un commandement de quelque importance. En effet, comme général de brigade, il a été, pendant la guerre d'Italie, à la tête de la 2ᵉ brigade de la 5ᵉ division (Bourbaki), laquelle n'a pas été engagée pendant la campagne ; il a ensuite mené deux régiments d'infanterie en Syrie, puis il a commandé, comme général de division, une division militaire territoriale pendant cinq ans. — Personne ne conteste sa bravoure et même sa fougue quelquefois irréfléchie sur le champ de bataille.

Commandant le 1ᵉʳ corps, depuis la formation de l'armée de Châlons, le général Ducrot avait dirigé, le 31 août, ce corps sur Illy, pour gagner Mézières, persuadé que, puisqu'on ne franchissait pas la Meuse à Dun, c'est que le maréchal voulait rallier le 13ᵉ corps et combiner ensuite de nouvelles opérations. Ce mouvement était rationnel, car l'ennemi était encore alors à une demi-journée au-dessous d'Illy. Malheureusement, par ordre du duc de Magenta, le 1ᵉʳ corps dut revenir sur la Givonne, petit cours d'eau au-dessus duquel existent de belles positions défensives.

Lorsque M. Ducrot, le 1ᵉʳ septembre à huit heures, fut investi du commandement en chef par le maréchal blessé, et cela au mépris de toutes les lois militaires et gouvernementales, il songea à reprendre son mouvement de la veille sur Illy et sur Mézières, comme si ce mouvement, excellent le 31 dans la journée, à peine exécutable le soir, était possible le 1er au matin !

Le général Ducrot, nous aimons à le croire, ignorait alors ce que le général de Wimpffen savait parfaitement, c'est que dans la soirée et dans la nuit du 31 août au 1er septembre, quatre-vingt mille hommes des 5e, 11e corps allemands, soutenus par les Wurtembergeois et par la 4e division de cavalerie, avaient franchi la Meuse à Dom-le-Mesnil et à Donchery.

Aujourd'hui, le général Ducrot, pour prouver l'excellence de son mouvement sur Illy et sur Mézières, donne, dans sa brochure, un plan de la bataille, avec indications de l'emplacement des troupes allemandes et françaises, le 1er septembre, à huit heures du matin, heure à laquelle il prit le commandement en chef de l'armée. C'est fort bien, mais il faudrait que l'emplacement assigné par le général Ducrot aux corps ennemis fût celui qui ressort du *rapport du général de Moltke*, rapport qui est en complète divergence avec le plan donné par le général Ducrot dans son ouvrage.

En effet, on lit dans le rapport allemand :

« Revenons au corps de l'aile gauche des armées alliées. Nous avons vu le 11e corps près de Briancourt (sur la route de Mézières), suivi du 5ᵉ corps et de la 4ᵉ division de cavalerie. Le prince de Prusse avait prescrit de se diriger sur Saint-Mengès. A HUIT HEURES ET TROIS QUARTS, l'avant-garde du 11ᵉ corps vint se heurter contre l'ennemi, etc. »

Or, dans le plan de la bataille donné par le général de Wimpffen, qui a adopté les errements du rapport prussien, les 11ᵉ, 5ᵉ corps allemands, la 4ᵉ division de cavalerie, les Wurtembergeois ont les emplacements désignés par ce rapport; mais, dans le plan de l'ouvrage du général Ducrot, il n'en est pas ainsi : sur cette dernière carte, le 11ᵉ corps prussien est bien indiqué comme étant placé au-dessus de Vrignes, mais *seul;* le 5ᵉ est à une lieue au-dessous de Donchery, à près de trois lieues du 11ᵉ; les Wurtembergeois sont à 8 kilomètres. Quant à la 4ᵉ division de cavalerie, il n'en est pas question.

Ce qu'il y a de plus singulier dans ce plan, combiné sans doute après réflexion, c'est que la route de Mézières, par la rive droite de la Meuse, route qui passe à Vrignes-aux-Bois, *n'y est pas tracée.* Sans nul doute, elle a été omise par erreur. On ne saurait trop engager l'éditeur de la brochure du général Ducrot à la rétablir, car cette route est le point capital, le point lumineux, la lanterne que le singe de la fable de Florian avait oublié d'allumer, ce qui laissait tout dans l'obscurité.

Ainsi :

Dans le plan Wimpffen, les corps allemands sont à la place de combat que leur assigne le rapport de l'état-major prussien.

Dans le plan Ducrot, les corps allemands sont à la place que leur *suppose* le général français, auteur de la brochure. Un seul corps, le 11e, est en position sur la route de Mézières, *route qui n'est pas même tracée.*

Tout cela peut faire prendre le change et jeter de la poudre aux yeux des lecteurs superficiels et non militaires; mais pour qui réfléchit, pour qui a étudié l'art de la guerre, pour qui veut se rendre compte sérieusement de la journée de Sedan, il n'en saurait être ainsi.

Le 11e corps allemand étant supposé SEUL à Vrignes-aux-Bois, sur la communication de Mézières, rien de plus logique que le mouvement du général Ducrot, car on pouvait, dans ces conditions, passer sur le ventre de l'ennemi. Mais le 11e corps allemand étant avec le 5e, les Wurtembergeois et la 4e division de cavalerie, à cheval sur la route de Mézières, rien de plus illogique que le plan Ducrot, puisqu'il fallait, pour déboucher, battre 80,000 hommes, tout en contenant l'armée du prince de Saxe, que l'on avait en queue et sur les flancs.

Voilà pourquoi sans doute, et dans l'intérêt de sa cause, le général Ducrot se garde bien de publier, ainsi que le fait le général de Wimpffen, le rapport allemand. Il eût fallu le falsifier, chose impossible, ou se résigner à citer les passages décisifs suivants de ce rapport :

Le 31 aout au soir :

» Le prince royal de Prusse avait, en ce qui concerne son armée, pris les décisions suivantes :

» Le 11e corps se rend, par Vrignes-aux-Bois, à Saint-Mengès. Le 5e corps et la 4e division de cavalerie suivent ce mouvement. La division wurtembergeoise reste en soutien vers *Mézières* et, en même temps, laisse à Donchery des réserves prêtes à marcher. »

1er septembre :

» Au point du jour, le roi se transporta de Vendresse à Fresnois. Depuis *six heures du matin*, on pouvait entendre tonner le canon dans la direction de l'est de Bazeilles. — Le 11e corps, à l'extrémité de l'aile gauche, était *en ce moment* (six heures du matin) à Vrignes-aux-Bois et n'avait pas encore heurté l'ennemi.

» Il était encore possible pour l'ennemi de s'échapper par la frontière de Belgique. — En raison de la supériorité numérique des deux armées allemandes et de la direction de marche assignée aux corps séparés, cette *dernière* issue devait être aussi fermée dans l'espace de peu d'heures.

» Revenons maintenant aux corps de l'aile gauche des armées alliées.

» Nous avons vu le 11ᵉ corps près de Briancourt (route de Mézières), suivi du 5ᵉ corps et de la 4ᵉ division de cavalerie. — S. A. R. le prince royal de Prusse avait prescrit de se diriger sur Saint-Mengès ; à huit heures trois quarts, l'avant-garde du 11ᵉ corps vint se heurter contre l'ennemi, etc. »

Donc, à cette heure, la route de Mézières était occupée par les 11ᵉ, 5ᵉ corps, la 4ᵉ division de cavalerie, ou 70,000 combattants, ayant en réserve à deux kilomètres les Wurtembergeois.

Ceci bien et dûment établi, ajoutons que sous peu de jours, doit paraître l'ouvrage, en ce moment sous presse, du général de Moltke sur la dernière guerre. Si le général Ducrot récuse l'opinion du général de Wimpffen, peut-être aura-t-il plus de considération pour celle de notre vainqueur, le véritable commandant en chef des armées allemandes.

Attendons donc le jugement de l'éminent homme de guerre de la Confédération du Nord, et si, *par hasard*, il vient à dire qu'il avait prévu et espérait le mouvement sur Illy et sur Mézières, parce que cette retraite devait livrer l'armée française dès neuf à dix heures du matin ; s'il fait connaître que le 1er septembre, le roi Guillaume s'était transporté sur les hauteurs de Fresnois pour assister au spectacle de nos troupes entourées et forcées de déposer les armes, peut-être l'honorable général député voudra-t-il se rendre à l'évidence. En tous cas, il est probable que les rieurs, — s'il pouvait y avoir des rieurs dans une aussi triste affaire, — ne seront pas de son côté.

Pour nous, et jusqu'à plus ample informé, c'est le contre-ordre donné par le général de Wimpffen et arrêtant le mouvement Ducrot, qui a seul empêché notre armée d'être faite prisonnière de bonne heure et qui a du moins sauvé l'honneur des armes, en évitant la honte d'une capitulation en rase campagne.

Pour nous encore, il est hors de doute que si, profitant, comme Wimpffen le voulait, de l'admirable attitude du corps Lebrun, l'Empereur, au lieu de faire arborer le drapeau parlementaire à Sedan, fût venu se placer à la tête des troupes françaises, l'héroïque tentative, la folie même, si l'on veut, du brave général en chef de l'armée eût réussi. Des soldats comme les nôtres, ayant à leur tête leur souverain et les officiers de son entourage, l'épée à la main, eussent culbuté facilement les deux corps bavarois déjà décimés par la lutte.

M. Ducrot accuse le général de Wimpffen d'ambition. Il lui a enlevé, dit-il, le commandement en chef parce qu'il croyait à une victoire. Le général de Wimpffen, nous l'avons prouvé par sa biographie, semble autrement apte que son contradicteur, — si on a égard aux services de l'un et de l'autre, — pour commander une armée; il connaissait l'immense supériorité numérique de l'ennemi et ne rêvait pas victoire, il cherchait à se maintenir jusqu'à la nuit, voilà tout. Maintenant nous poserons cette question à tout homme de bon sens :

Quel est l'ambitieux, du général qui, ayant droit au commandement par l'ancienneté et par une lettre de service, laisse ce commandement pendant deux heures à son camarade parce qu'il le suppose confident de la pensée du prédécesseur, et ne lui retire ce commandement qu'en lui voyant commettre une faute capable de perdre l'armée; ou du général qui accepte le commandement au mépris de toutes les lois militaires? Supposons que le général Ducrot eût été à la place du général de Wimpffen général en chef par droit d'ancienneté et par droit de lettre de service, eût-il laissé une *seule minute* le commandement à ce dernier? — Nous en appelons à lui-même et à ceux de ses amis qui le connaissent.

Le général de Wimpffen a commis une grosse faute, il l'avoue lui-même humblement : c'est de n'avoir pas pris la direction en chef aussitôt qu'il a connu la blessure du maréchal.

En effet, si, dès huit heures du matin, il avait exigé le commandement auquel il avait doublement droit, il eût pu conserver, grâce à l'intrépidité de ses deux commandants de corps d'armée, Ducrot et Lebrun, toutes les positions de Givonne, et déboucher par Bazeilles pour, comme il le dit, jeter à la Meuse les Bavarois.

Alors, il eût pu voir s'il y avait lieu de se retourner avec toutes ses forces contre l'armée du prince royal de Prusse, ou s'il devait continuer son mouvement de retraite sur Carignan. Mais le temps perdu pendant les premiers instants du mouvement Ducrot, mais le funeste abandon des belles positions occupées aussitôt par l'ennemi, au-dessus de la Givonne, positions que n'a pu reprendre, malgré son intrépidité, le général Ducrot, ont eu sur la défense une influence fatale et facile à comprendre.

Voilà ce que nous pensons du mouvement non pas *stratégique*, mais *tactique* du général Ducrot. Il était facile à exécuter et indiqué par la situation des choses, le 31 août dans la journée ; difficile mais non impossible le 31 au soir ; impossible et désastreux le 1er septembre dès quatre heures du matin.

Si le général de Wimpffen, cédant à des considérations intempestives de camaraderie ou croyant tout perdu sans ressource, eût renoncé par l'un de ces deux motifs à prendre le commandement en chef, lorsqu'il a vu le mouvement *désastreux à huit heures du matin* du général Ducrot, non-seulement, comme nous l'avons dit, comme l'indique le rapport allemand, comme le dira selon toute apparence, dans son livre, le général de Moltke, l'armée française était prisonnière dès neuf ou dix heures, mais le général eût fait un acte coupable et le Conseil d'enquête aurait été forcé de conclure :

Qu'il avait montré une faiblesse méritant la mort.

Voilà comment nous jugeons la prise de commandement du général de Wimpffen. Il faut savoir supporter les grandes responsabilités quand on est un homme supérieur, et le général de Wimpffen, héroïque pendant la bataille, n'a rien à se reprocher, selon nous.

D'ailleurs, tout le monde n'est pas aise d'entendre murmurer autour de soi ce qu'un de nos amis disait un jour d'un officier général qui à deux reprises a remis le commandement en chef à moins ancien que lui :

Faut-il qu'il soit modeste avec une vanité pareille !

Nous verrons comment jugera le Conseil.

Nous nous sommes souvent demandé, depuis cette journée fatale, comment le maréchal de Mac-Mahon avait pu essayer de tenir autour de Sedan, même en admettant qu'il ignorât la supériorité numérique écrasante des troupes allemandes sur les siennes. Nous n'avons pu expliquer cette faute qui pourra toujours être reprochée au duc de Magenta (l'homme heureux même dans le malheur, puisqu'il a été blessé si à propos). La seule excuse à peine admissible, c'est qu'il ait espéré être rallié, près de la petite ville, par l'armée de Bazaine.

On trouve, dans la brochure du général Ducrot, un assez bon nombre de contradictions ; celle-ci entre autres :

Le général, parlant de la trouée sur Carignan que voulait faire le commandant en chef, écrit (page 34) :

« Si le général de Wimpffen lui en eût parlé (à lui Ducrot), il n'aurait pas manqué de protester énergiquement contre la possibilité de ce mouvement. »

Donc, d'après lui, général Ducrot, ce mouvement était impossible ; — très-bien.

Mais le soir il aurait dit à l'Empereur (page 48) :

« *A la nuit nous pourrions tenter une sortie.* »

Quoi ! à une heure et demie, avec les troupes victorieuses du 12e corps, on ne pouvait réussir à culbuter les troupes allemandes devant Sedan, et à dix heures du soir, quand on était entouré de toute part, le mouvement d'après le même général Ducrot était possible !

Il propose sérieusement ce moyen extrême! et page 49, il dit : « Il ne fallait plus songer à sauver l'armée enveloppée, cernée, elle était irrévocablement prise. »

Quoi! à deux heures le mouvement du général de Wimpffen était impossible alors que l'armée jouissait encore de toutes ses forces vives, et le soir, alors qu'elle était harassée, anéantie, une trouée était exécutable !

Quelle contradiction! Nous en signalerons d'autres.

Troisième accusation :

D'avoir déserté le champ de bataille avant l'heure. Comment avant l'heure? C'est donc au subordonné et non au chef qu'il appartient de décider si le moment est venu, oui ou non, de quitter le champ de bataille?

Ici, en effet, toute la question est dans l'heure, car le général Ducrot ne nie pas avoir quitté le champ de bataille, puisqu'il dit, page 43 :

« Débordé de toutes parts et suivant à distance ce torrent de fuyards, le général Ducrot arrive sous les murs de la citadelle. Il gagne à travers un dédale de ruelles et de jardins le chemin couvert de la place, etc. »

Donc M. Ducrot avait quitté le champ de bataille sans les ordres de son général en chef, sans ce que ce dernier en fût prévenu.

De quoi donc se plaint le général Ducrot ?

Le général de Wimpffen ne l'accuse pas de *désertion*, comme il le dit et l'imprime, mais il constate qu'il était à Sedan, lorsque le général en chef combattait sur le terrain.

« Je n'avais plus de troupes, » dit le général Ducrot. Eh ! qu'importe ? Le général Lebrun, non plus, n'avait pas de troupes à cinq heures du soir à Balan. Il considérait comme une folie de la part du général de Wimpffen de tenter de s'ouvrir un passage ; mais, sans réfléchir davantage, le général Lebrun dit à son commandant en chef :

— Vous le voulez, c'est une folie, soit, marchons ; et il marcha héroïquement.

Quand on compare cette conduite toute française à celle du général Ducrot, une fois encore les rieurs ne sont pas de son côté.

A-t-il donc oublié cette phrase de la proclamation du dictateur Gambetta, rappelée dans l'ouvrage du général Chanzy, page 463 :

« *L'armée de sortie est commandée par le général Ducrot, qui, avant de partir, a fait, à la manière antique, le serment solennel, devant la ville assiégée et devant la France anxieuse, de ne rentrer que mort ou victorieux.* »

Oh! Lafontaine, tu auras toujours raison : un ours ami, armé de son pavé, est plus dangereux que le plus dangereux ennemi.

Un dernier mot sur le mouvement tactique de retraite du général Ducrot.

Ce mouvement fut condamné, dès l'instant où il fut prescrit :

1° Par le général Lebrun (voir le rapport de cet officier général).

2° Par le propre chef d'état-major du 1ᵉʳ corps, le colonel Robert.

En effet, on lit, pages 123 et 124 de la propre brochure du général Ducrot, dans les extraits des notes du colonel Robert :

« La retraite de Mézières, par les bois qui avoisinent la frontière de la Belgique et la rive droite de la Meuse, ne paraissait pas d'ailleurs absolument compromise dès ce moment, et le général Lebrun faisait remarquer combien il était à craindre avec nos troupes, de voir dégénérer en fuite un mouvement de retraite ordonné aux combattants de notre aile droite.

» Mais, *après de nouvelles réflexions*, le général Ducrot se décida à commander sans retard ce mouvement, dans LA CONVICTION où il était que l'ennemi, maître du terrain autour de Sedan, au sud, à l'est et à l'ouest, profiterait de sa grande supériorité pour nous envelopper par un double mouvement tournant vers le nord, de manière à fermer surtout la direction de Mézières, etc. »

Cette direction était, à huit heures du matin et

depuis trois heures déjà, complétement fermée.

Tout est là.

Dans une note placée à la page 44 de son livre, le général Ducrot dit :

« Une grosse fraction du 3ᵉ de zouaves, n'ayant pas reçu l'ordre de discontinuer le mouvement de retraite ordonné par le général Ducrot, poursuivit sa marche vers le nord et arriva par les bois de Rocroy. »

Ceci ne prouve rien. Nous pourrions expliquer parfaitement, malgré certain rapport, la marche du 3ᵉ de zouaves. Nous ne le ferons pas par des considérations dont nous croyons inutile de parler. — Mais, si besoin est, nous sommes en mesure de dire ce qui eut lieu, comment, pourquoi et par où passèrent les quelques compagnies de ce régiment. Nous avons entre les mains les documents nécessaires à l'établissement du fait dont, au reste, on ne saurait rien conclure, attendu que là où passe une petite troupe ne passe pas une armée.

Quatrième accusation :

D'avoir refusé d'obéir aux ordres du général en chef, alors qu'il réclamait notre concours.

Le général Ducrot va répondre lui-même.

On lit pages 46 et 47 de sa brochure :

« Il n'y avait évidemment rien à faire avec de tels hommes ; le général Ducrot se rendit à la sous-préfecture où se tenait l'Empereur. »

Et cependant le général en chef se battait du côté de Bazeilles, et cependant on lit à la page 125 de la brochure Ducrot, dans les notes du chef d'état-major du 1er corps :

« Le général L'Hériller (3e division) n'avait plus qu'une de ses brigades sous la main, *sa première* (général Carteret-Trécourt) ayant été, dès six heures et demie du matin, envoyée comme troupe de soutien au 12e corps. »

Donc le général Ducrot, qui, dit-il, n'avait aucune des troupes de son corps d'armée, s'il eût rejoint vers Balan le général en chef, aurait encore trouvé quelques milliers de ses propres soldats au feu avec le 12e corps.

Nous ne parlons pas ainsi pour mettre en doute le courage du général Ducrot. Tout le monde en France, et nous des premiers, avons la conviction qu'il est fort brave.

Cinquième accusation :

D'avoir engagé l'Empereur à arborer le drapeau blanc et à capituler.

Nous cherchons vainement, dans l'ouvrage du général de Wimpffen, l'accusation portée contre le général Ducrot. Nous trouvons seulement page 114 :

« Tandis que moi, général en chef, j'étais sur le champ de bataille, croyant encore mes lieutenants sur le terrain, prêts à exécuter mes ordres, on prenait, à Sedan, *chez l'Empereur*, la résolution de capituler. »

Nous ne voyons là qu'un homme désigné, l'Empereur. Toutefois, nous sommes convaincu d'une chose, c'est que si le général de Wimpffen, lorsqu'il a écrit son livre, avait connu les détails que le général Ducrot donne, dans le sien, sur la manière dont le drapeau blanc a été arboré, il eût modifié sa phrase, qu'il n'eût laissé aucun doute sur cette circonstance et eût rejeté la responsabilité sur celui qui avait donné l'ordre.

Le général Ducrot s'étonne (page 28) que le général de Wimpffen, un général venu de la veille, dit-il, ait osé s'opposer à son mouvement, tandis que le Souverain de la France le laissait exécuter.

Qu'y a-t-il donc d'étonnant à ce que Napoléon III, qui n'avait ou ne devait avoir aucune autorité à Sedan, *ait laissé faire*, tandis que le général de Wimpffen, sur qui retombait toute la responsabilité du commandement en chef, ait arrêté un mouvement qu'il considérait comme désastreux ?

Page 29 : — D'après M. Ducrot, le général de Wimpffen, vers neuf ou dix heures, regardait la victoire comme possible. — Nous doutons fort qu'il en fût ainsi, et surtout que le nouveau commandant en chef ait pensé qu'on n'avait derrière la gauche de l'armée française que de la cavalerie. En effet, de Wimpffen savait que 80,000 Allemands interceptaient la route de Mézières, puisque c'est précisément à cause de cette circonstance qu'il s'opposa au mouvement de retraite sur Illy. — Comment concilier *le fait* avec l'hypothèse du général Ducrot ?

Nous ne ferons pas d'observations relativement à la conversation des deux généraux (pag. 30 et 31). Le général de Wimpffen pourrait seul dire si la mémoire du général Ducrot l'a bien ou mal servi dans cette occasion. Quant à l'histoire de la carte et de la position d'Illy, nous n'en parlerons pas. Souvent on a tort de vouloir trop prouver. Les cartons de la guerre, les journaux militaires pourront dire, prouver, si on veut les consulter, que le général de Wimpffen connaît mieux que bien des généraux, la topographie.

Page 32 : — Le général Ducrot adopte la version du général Pajol, pour les paroles prononcées par le général de Wimpffen devant l'Empereur.

Le général de Wimpffen observe, non sans raison dans son livre, lorsqu'il répond au général Pajol, que les aides de camp de l'Empereur lui font tenir deux langages différents et que les paroles prononcées par lui, dans la lettre signée par eux tous, ne sont plus en rapport avec celles que le général Pajol lui fait prononcer dans son récit de la bataille.

Il prétend lui, général de Wimpffen, se souvenir parfaitement avoir dit :

« Nous allons d'abord nous occuper de jeter les BAVAROIS à la Meuse, puis avec toutes nos troupes nous ferons face à notre nouvel ennemi. » Or, cette version paraît d'autant mieux la véritable, que les actions du général sont ici en concordance avec son langage.

Ceci est bien différent des deux versions adoptées par les aides de camp de l'Empereur.

Page 32. — On pourrait demander au général Ducrot pourquoi, en entendant le canon dans la direction de Floing, il se porta au galop vers le 7ᵉ corps, au lieu de rester au sien (il était onze heures), à ce moment il ne commandait plus en chef cependant ?

On lit page 38 : — « Quant à la fameuse sortie faite par le général de Wimpffen sur Balan, vers cinq heures, LE RAPPORT ALLEMAND N'EN DIT PAS UN MOT. En effet, ce ne fut jamais une chose sérieuse ; il suffit de lire le récit du général Lebrun pour en être convaincu. »

Le général Ducrot a mal lu le rapport allemand qui contient ceci :

« *Le général de Wimpffen prit le commandement et tenta encore une fois de se frayer un passage dans la direction opposée, où les Bavarois eurent encore à soutenir une lutte très-vive ; mais ils par-*

vinrent cependant à repousser victorieusement leurs adversaires. »

Décidément, au lieu de chercher à amoindrir l'héroïque action, l'action toute française des généraux de Wimpffen et Lebrun, M. Ducrot eût mieux fait, ce nous semble, de donner place dans sa brochure au rapport de M. de Moltke, ou au moins de lire plus attentivement ce rapport.

Page 31 : — « C'est alors que le général Lebrun ayant rencontré le commandant en chef, ce brave officier général fit avec lui cette démonstration sur le village de Balan, dont le général de Wimpffen a fait grand bruit (ces derniers mots soulignés). »

Il est fâcheux, dirons-nous, qu'au lieu d'être à Sedan, dans le salon de l'Empereur, le général Ducrot ne soit pas sorti avec le brave Lebrun pour se joindre au général de Wimpffen : ils eussent été trois intrépides officiers au lieu de deux, et le général Ducrot n'eût pas trouvé sans doute alors que le *bruit* fait par le général en chef a été trop *grand*.

Même page 31 : — « Le général Ducrot, la bataille perdue, refusa vers six heures d'accepter le commandement en chef des mains de l'Empereur. »

Il fit bien, car l'Empereur n'avait pas le droit de le lui donner et lui n'avait pas le droit de l'accepter; mais comment le général se souvint-il, *à ce moment*, des règles de la hiérarchie militaire en disant à Sa Majesté que le général Douay étant plus ancien que lui, c'était à lui que revenait le commandement, lorsque le matin, lui, général Ducrot, avait si complétement oublié la règle de l'ancienneté de grade pour les droits au commandement?

Autre objection :

Comment à six heures l'Empereur proposait-il le commandement de l'armée, chose, encore une fois, qu'il n'avait pas le droit de faire, lorsqu'à la même heure il refusait par écrit, dans une lettre publiée par le général de Wimpffen, la démission de ce dernier ? — Mystère.

Même page :

« L'Empereur envoya chercher le général de Wimpffen, etc. » Comment, l'envoyant chercher, lui refusa-t-on la porte de Sa Majesté, sous prétexte que le Souverain était en conférence avec le prince impérial? — Autre mystère.

Le général de Wimpffen, au moment où nous écrivons, est encore à son cher ermitage de Mustapha, attendant l'ordre du ministre de comparaître devant le Conseil d'enquête.

En recevant par nos soins le journal *le Gaulois* qui, le premier, a publié le récit de la conférence avec Messieurs de Bismark et de Moltke, il a trouvé qu'on lui faisait dire de longues phrases et en bien grande quantité, et il nous écrit à ce propos à la date du 13 octobre :

« Le rapport de la conférence a une phraséologie longue, diffuse, qui représente à peu près la conversation tenue. On y oublie le point capital : lorsque j'ai parlé des capitulations de Mayence, de Gênes, d'Ulm.

» Je n'ai pas l'article du *Gaulois* sous les yeux, mais je crois qu'on n'y mentionne pas non plus ce que j'ai dit au sujet des Français, de l'enfant au vieillard, apprenant à manier une arme, afin de se mettre en mesure de reprendre les provinces qu'on voulait nous enlever.

» Enfin, on semble s'être étudié à enlever à cette conférence son côté bref, énergique, pour ne mettre que ce qui peut m'être le moins avantageux.

» C'est l'œuvre des trois hommes qui me sont hostiles et qui le montrent avec peu de discernement. Je n'ai pas besoin de te les nommer. »

Il faut bien peu connaître, en effet, le général de Wimpffen pour croire qu'il est homme à s'être laissé aller à une telle phraséologie, comme il le dit lui-même. Encore passe si on mettait tout ce bavardage dans la bouche d'un ou deux autres généraux bien connus pour leur éloquence ou leur loquacité.

Nous avons été un peu surpris de trouver dans l'ouvrage de M. Ducrot, ouvrage qui devrait tendre à être sérieux, un reproche, affectant la forme quasi plaisante, adressé au général de Wimpffen.

Après avoir débattu et signé la capitulation, après avoir assumé sur sa tête les fautes des autres, n'ayant nulle fortune, ayant perdu deux de ses quatre chevaux, tenant à ne pas faire à pied la route de la captivité, ayant déjà, la veille de Sedan, été *soulagé* de son argent, de ses effets, le général de Wimpffen pria M. de Moltke de lui laisser les deux chevaux qui lui restaient, deux vieux serviteurs qui, sous lui, avaient fait l'expédition de l'Oued-Guir et pénétré au centre du Grand Désert, M. Ducrot trouve cela fort mauvais.

Si le général Ducrot n'a pas le culte des vieux serviteurs, il ne devrait pas du moins l'écrire. Plus d'un cavalier pourrait le taxer d'égoïsme. Il est plus d'un coursier de bataille qui a joué un rôle relatif dans la vie d'un homme de guerre ; plus d'un a sauvé la vie à son maître.

Lâchez la Pie (nom du cheval de Turenne), disaient les soldats du maréchal en voyant les autres chefs de l'armée embarrassés de les conduire, après la mort du grand homme, *lâchez la Pie, nous camperons où elle s'arrêtera.*

Les soldats de Turenne associaient le cheval aux glorieux travaux du maître.

Pour nous résumer :

Le point de discussion, le différend entre deux braves généraux consiste : dans l'opportunité ou dans l'inopportunité du mouvement de retraite ordonné par le général Ducrot sur Mézières, le matin de la journée de Sedan.

Un des officiers du général Ducrot va nous donner la solution du problème.

Dans le journal des marches du 1er corps, le commandant Corbin, sous-chef d'état-major, dit (pages 105 et 106 de la brochure Ducrot) :

« Du côté du Nord, l'ennemi *ne pouvait* franchir la Meuse qu'à Donchery, point éloigné du champ de bataille. Il avait une longue marche à fournir pour contourner le coude que fait la Meuse en cet endroit ; *et à cette heure peu avancée de la journée,* ON DEVAIT SUPPOSER, *ce qui était exact,* qu'il n'était pas encore entré en ligne.

» DÈS LORS, *il était permis d'espérer* que tandis qu'une partie de l'armée s'établirait fortement sur le plateau d'Illy, contiendrait sur ce point les troupes venues par Bazeilles et Douzy, et serait aidée en cela par le feu de la place, le reste de l'armée, se portant par la route de Saint-Mengès à Mézières, bousculerait au besoin les colonnes ennemies venues de Donchery et séparées du gros de l'armée allemande par la Meuse, etc. »

Tout ce plan repose sur une hypothèse ; or cette hypothèse est parfaitement fausse ; c'est donc comme si l'on disait : Cette maison sera solide, car sa base est solide, mais si la base n'est pas solide?...

Eh bien! c'est ce qui arrive ici, l'hypothèse est fausse, et tout l'édifice Ducrot ne reposant que sur cette base non solide, cet édifice tombe de lui-même.

Oh! nous sommes bien convaincu d'une chose, c'est que le général Ducrot croyait l'hypothèse vraie et que le général de Wimpffen avait d'excellentes raisons pour la savoir fausse.

Or donc, nous dirons au sous-chef d'état-major et à son général :

1° L'ennemi pouvait passer la Meuse non-seulement à Donchery, mais à Dom-le-Mesnil; la preuve, c'est qu'il l'a fait parce qu'on avait eu l'imprudence de ne pas couper les ponts et qu'il en a jeté un autre.

2° « On devait supposer, ce qui était exact, qu'il n'était pas encore entré en ligne; » non, on ne devait pas supposer, il fallait en être sûr. — Non, cela n'était pas exact, et le général de Wimpffen, lui, savait bien que l'ennemi était en ligne, puisque la Meuse avait été franchie par les Allemands, dans la nuit du 31 au 1er.

3° Le 1er septembre, à cinq heures du matin, l'ennemi était sur la rive droite.

4° A huit heures du matin, avant que le mouvement Ducrot commençât à Givonne et à Bazeilles, à 4 et à 8 kilomètres d'Illy, l'ennemi avait deux corps (5e et 11e), une division de réserve de cavalerie, la

4ᵉ, et les Wurtembergeois, *non-seulement sur la rive droite de la Meuse, mais à Saint-Mengès*, occupant fortement et nous coupant la route de Mézières, ainsi que l'établit le rapport de M. de Moltke qui n'a certes pas intérêt à fausser la vérité.

5° Non, l'armée allemande, à huit heures du matin, n'était pas : partie sur la rive gauche, partie sur la rive droite de la Meuse, sur notre gauche, elle était déjà toute sur la rive droite.

Donc :

Donc, général Ducrot, rappelez-vous de ce vieil adage français :

On n'est jamais trahi que par les siens.

LETTRES DU GÉNÉRAL DE WIMPFFEN

Oran, le 18 mars 1870.

Mon cher ami,

Depuis 1864 on avait pris la détermination d'attendre tous les maraudeurs de la frontière ainsi que nos émigrés venant exécuter des coups de main sur notre territoire, et à peu près deux fois l'an nos colonnes se trouvaient impuissantes à les atteindre. L'audace d'un chef marocain se jetant sur la colonne de Sonis dans les environs d'Aïn-Madhi nous permettait d'avoir un certain succès et encore ne pûmes-nous inquiéter nos ennemis avant leur retraite. Chaque année nous avons donc eu des milliers de moutons et chameaux enlevés, des hommes tués, succès exaltant de plus en plus les dissidents, démoralisant d'une façon désespérante nos tribus gardes-frontières. A peine arrivé dans la province d'Oran, je cherchai par conciliation, par traités à rétablir un semblant de paix qui recevait un semblant d'exécution durant les chaleurs, c'est-à-dire de mai à la fin de l'année. Au mois de décembre on me signalait nos éternels ennemis comme se préparant à surprendre quelques fractions de nos tribus nomades; et malgré les plus énergiques mesures, et nos concentrations, elles étaient encore victimes de leur imprévoyance et de leur peur. 16,000 moutons, 2,000 chameaux, tentes, butin de toutes sortes et une quarantaine d'hommes étaient un échec nouveau à ajouter aux précédents. Nos troupes mises en mouvement, malgré toute leur célérité arrivaient trop tard sur les traces d'un adversaire des plus mobiles et toujours prévenu de notre marche. Les chameaux à réunir pour porter les vivres et l'eau dont nos chevaux et nos hommes ont plus besoin que les Arabes, l'allure lente de notre infanterie que nos cavaliers ont encore besoin de savoir pas trop éloignée nous empêcheront presque toujours de répondre à des surprises, à des opérations sans règles. Pour nos ennemis, des renseignements précis parce qu'ils ont même chez nos indigènes des amis, la facilité de courir sur des cavaliers démoralisés, et presque toujours l'assurance de savoir, vingt-quatre heures à l'avance, où sont nos colonnes, leur assurent l'impunité. Une nouvelle invasion nous menaçait encore, et nos nomades nous déclaraient qu'ils n'avaient d'autres ressources, si elle avait lieu, que de nous trahir ou de se porter en masse, familles et troupeaux, jusque dans le Tell.

Je signalai cet état déplorable et déclarai qu'il fallait aller chercher l'ennemi chez lui au lieu de l'attendre; qu'en le châtiant, en lui imposant après de sérieuses conditions, en lui faisant apprécier notre force, il regarderait davantage à porter chez nous le désordre et la mort.

Cette manière de voir, comprise ici, un peu moins à Paris, me permet d'aller en avant, mais ma lettre de service est tellement restrictive que, si je fais bien et vite, je serai approuvé ; si j'ai un succès moins complet et moins prompt, on s'est préparé des armes pour me sacrifier. On me parle du traité de 1844 déterminant nos frontières du sud-ouest, je prétexte que les tribus à châtier ne reconnaissent aucune autorité. Elles se moquent de l'empereur du Maroc, qui nous a déclaré maintes fois n'avoir aucune action sur elles ; elles se moquent de nous, ne leur ayant pas encore fait sentir le poids de nos armes. A la grâce de Dieu, je vais tenter de les mettre à la raison, persuadé qu'il en résultera du bien, du repos, durant quelques années, pour nos nouveaux citoyens français. Les Anglais ne seraient point restés si longtemps sans venger des gens abrités sous leur nom.

Nos troupes sont en mouvement ; environ neuf cents zouaves, mille cavaliers réguliers, cinq cents des goums seront concentrés à Ben-Khelil, poste frontière, le 27 ; une autre colonne de cinq cents cavaliers réguliers, de cinq cents des goums et deux cents tirailleurs vont se réunir à Old-Nadja sur le Chott-Garby.

Ton ami dévoué,

De Wimpffen.

Fayse-les-Veneurs, le 5 septembre 1870.

Mon cher ami,

Je suis en route pour aller me constituer prisonnier de guerre à Aix-la-Chapelle. Cette lettre partira d'un petit village belge où je fais ma correspondance pour le Ministre.

Je commence par te déclarer que l'incapacité de X et la présence de l'Empereur ont été les principales causes de nos derniers désastres. Tu en trouveras les preuves dans les dispositions prises, dans les indécisions, lorsqu'il fallait les mesures les plus énergiques.

J'arrivai, après une marche des plus rapides, le 30 à Beaumont pour assiter à la déroute de nos troupes. Elles n'étaient plus, pour les 5ᵉ et 12ᵉ corps que j'avais sous les yeux, que des bandes dispersées cherchant à s'éloigner au plus vite. Malgré la fatigue de mes chevaux, je me portai au milieu des fuyards en leur reprochant d'avoir autant peur de projectiles qui, en ce moment, leur faisaient peu de mal. J'allai ensuite presser la marche de convois qui s'entassaient sur une seule route, et enfin le soir je réunissais autour de moi environ 2000 hommes peu rassurés. A neuf heures on donnait l'ordre de la retraite, et une fois en marche j'assistai au désordre le plus complet : infanterie, cavalerie, artillerie, bagages, plus ou moins confondus, et, spectacle plus triste encore, restant dans tous les cabarets et paraissant peu préoccupés d'être pris par l'ennemi. Dans cette nuit, mon imbécile de cavalier montant Négro et conduisant Guir était enlevé, mon muletier et une partie de mes bagages subissaient le même sort. J'étais ainsi fortement allégé, mais la grande préoccupation de ce que je voyais m'amenait à me rendre compte à peine de ces pertes. Arrivé dans la nuit sous Sedan, les troupes se reconstituaient peu à peu et j'allai trouver le maréchal pour le prier de me placer à la tête du 5ᵉ corps dont le général de Failly avait conservé le commandement ; aussitôt après j'allai visiter mes troupes, et par des paroles chaleureuses, par des mesures énergiques pour assurer leur ravitaillement, j'en remontai le moral. J'allai coucher au bivouac, sans le moindre abri, et sans savoir ce que nous ferions le lendemain, mais cependant persuadé que l'ennemi devait arriver à nous avec toute l'ardeur provenant des derniers succès. Au point du jour, j'entendis le canon et une vive fusillade, et comme j'allais au centre, j'examinai dans tous ses détails notre situation. Nous formions une grande circonférence reliée aux deux côtés de la petite place forte de Sedan. Le 12e corps tenait les hauteurs aboutissant à la Meuse et par où nous étions arrivés ; il y avait eu la veille 31 août un combat d'artillerie pour empêcher l'ennemi de s'emparer d'une queue de convois. A sa gauche, sur des hauteurs, le 1er corps, général Ducrot, aboutissant à un bois nommé la Garenne ; de l'autre côté de ce bois et au retour vers la place, le 7e corps, général Douay. Au centre, au point dit le Grand-Camp, les débris du 5e corps, que j'avais su surexciter et qui criaient vive leur général. Ce corps, le soir, détachait une brigade dans les bois de la Garenne et des avant-postes au dehors, afin d'éviter une surprise comme aux jours précédents.

Avant la blessure du maréchal je n'avais été initié à quoi que ce soit ; je n'ai dû qu'à mon initiative, à ma prompte décision, à mon énergie d'avoir tenu généraux et soldats autant que possible dans mes mains. En rentrant en ville, je trouvai des officiers généraux. M. Z ignorant les ressources ennemies, je remis tout le monde à sa place et déclarai que je mènerais jusqu'au bout ce que la fatalité m'avait placé sur les épaules. Il y a mille détails qui manquent encore dans ce que je t'envoie, ce sera pour plus tard ; mais nos insuccès sont plutôt dus au manque d'une direction énergique et capable qu'à nos officiers et soldats. J'ai bravé le danger plus que je ne l'avais fait de ma vie, mais les projectiles ennemis semblaient ne vouloir que bruire autour de moi.

En signant la capitulation j'ai brisé mon épée; cet acte m'a bien fait pleurer de rage, mais non découragé. Le général de Moltke et le comte de Bismark m'ont déclaré qu'ils ne pouvaient quitter la France que démembrée. « C'est une guerre qui nous demande trop de sacrifices pour que l'Allemagne puisse recommencer de longtemps; nous ne pouvons donc nous contenter de simples conventions, la Prusse y perdrait sa suprématie. »

Voilà ce qu'ils m'ont déclaré, etc.

Tout à toi,

De Wimpffen.

Le 12 mars 1871.

Mon cher ami,

Je suis à Genève, et plus j'approche de la France, plus mon cœur se resserre, en pensant combien d'énergie et de vertu il faudra déployer pour sauver notre malheureuse patrie. Je me sens presque disposé à me couvrir de cendres, à implorer la pitié de Dieu pour qu'il nous envoie des hommes capables et assez courageux pour exécuter la révolution sociale dont nous avons besoin et sans laquelle nous ne pourrons reprendre notre rang en Europe. J'ai, en Allemagne, été plaint et considéré, et au moment de franchir la frontière, pour entrer en Suisse, je voyais un brave cabaretier m'aborder avec intérêt et me dire : « Mon général, vous avez été bien malheureux d'être arrivé trop tard pour tenter de réparer les fautes des autres, vous avez été bien brave ; aussi méritez-vous d'être considéré par tout le monde. » Si on raisonne ainsi en Allemagne, dans cette classe relativement secondaire, c'est que l'instruction est répandue dans les masses d'une façon dont nous suivons trop peu l'exemple. En Suisse, on se découvre encore lorsqu'on sait qui je suis, et ici à Genève, j'ai reçu des notabilités le plus chaleureux accueil.

J'en suis triste, parce que je pense qu'en France, il n'en sera probablement pas de même, tant de la part des gens ignorants en toutes choses, que de la part de quelques officiers légers, critiquant tout excepté eux-mêmes... »

Mustapha, 24 octobre 1871.

Mon cher ami,

Je ne puis m'empêcher de sourire en lisant les comptes rendus des journaux, sur mon ouvrage et sur celui de Ducrot.

Je comprends, jusqu'à un certain point, que les journalistes non militaires, auxquels incombe cette tâche, ne sachent pas distinguer ce qu'il y a de vicieux dans le mouvement auquel j'ai été obligé de m'opposer le 1ᵉʳ septembre, mais que des militaires ne voient pas *le défaut* de la cuirasse et me blâment d'avoir arrêté la retraite du général Ducrot sur Mézières, voilà ce qui me passe.

Se figure-t-on donc que j'aie pris le commandement les yeux fermés et sans raison? On dirait que les gens qui parlent ainsi ne se sont pas donné la peine de lire l'ouvrage que je viens de publier.

Ils se figurent que je suis arrivé à l'armée ignorant de toute chose?

Est-ce que le 28 août 1870, à Paris, le comte de Palikao ne m'a pas mis au courant de la situation ? Est-ce que le ministre ne m'a pas dit : — « Entre la Chiers et la Meuse, il y a quatre-vingt » mille hommes de l'armée du roi, plus cent vingt » mille de celle du prince royal de Prusse. Ce dernier » fait force de rames pour arriver. Si Mac-Mahon perd » sa distance, nous sommes bien malades. » Est-ce que le 30, en arrivant, au moment de la défaite de Beaumont, je n'ai pas, hélas ! reconnu la vérité des paroles du ministre ? Est-ce que le 1er septembre au matin je ne savais pas ce qui nous attendait sur la route de Mézières ?

Te souvient-il de ce que je te dis à mon retour du déjeuner chez le général de Mautauban le 28 ? Te souvient-il de ce que je t'écrivis le lendemain ? Est-ce que le 31 août, à trois heures, Douay ne prévenait pas le maréchal de la concentration des forces allemandes à Donchery et à Dom-le-Mesnil ? Est-ce que le soir, je n'envoyais pas moi-même prévenir le duc de Magenta que quatre-vingt mille Allemands des 5e, 11e corps, les Wurtembergeois, etc., franchissaient la Meuse, et que, dès le 1er au matin, ces quatre-vingt mille hommes seraient en mesure de nous couper toute retraite de ce côté ?

Le mouvement de Ducrot sur Illy était faux au premier chef, attendu qu'il était impossible de culbuter 80,000 hommes établis dans de bonnes positions, tandis que nous n'avions pour faire retraite qu'une seule route (du côté de Mézières) pouvant porter de l'artillerie, et pour les autres armes des chemins de traverse au milieu des bois.

Est-ce que de Villers-Cernay, l'artillerie ennemie n'était pas dans les meilleures conditions pour bouleverser le terrain en avant de Fleigneux?

Mais c'est précisément cette artillerie qui a tiré un instant sur le détachement du 3e de zouaves qui a échappé par les frontières belges.

Mon ami, en laissant Ducrot continuer son mouvement, sois-en sûr, notre pauvre armée mettait bas les armes à dix heures du matin.

Si ce mouvement fatal n'avait pas été commencé, peut-être je culbutais les Bavarois.

S'il était continué, l'armée était perdue dès le matin, sans gloire.

En combattant toute la journée, j'ai sauvé l'honneur des armes.

Adieu, j'attends mon ordre pour partir.

Ton ami dévoué,

DE WIMPFFEN.

Imprimerie L. Toinon et Ce, à Saint-Germain.